Egon Syring

Die Kathedrale im Staub

Egon Syring

Die Kathedrale im Staub

Bibliografische Information der Deutschen Nationalbibliothek
Die Deutsche Nationalbibliothek verzeichnet diese Publikation
in der Deutschen Nationalbibliografie; detaillierte bibliografische
Daten sind im Internet über http://dnb.d-nb.de abrufbar.

© 2012 Egon Syring
Umschlagdesign, Satz, Herstellung und Verlag:
Books on Demand GmbH, Norderstedt
ISBN 978-3-8448-2652-4

Abende im winterlichen Park

Wie oft bin ich am Abend diesen Weg gegangen,
wo leuchtend aus den dunklen Tannenzweigen
sich, halb verborgen, marmorweiße Glieder zeigen,
und jedes mal noch, plötzlich wie befangen

nahm ich mir vor, dort still vorbei zu gehen;
doch zwang ein unbehauster Schmerz mich stets, hinüber zu sehen,
mir war, als würde jemand warten dort auf mich aus alten Tagen,
ein Mensch, der einst mich liebte, und er hätte mir so vieles noch zu sagen;

und so, wie Schneekristall auf Lippen fällt und wieder empor
gestoßen wird von heißen Atemzügen,
sah ich auf einmal kalte Sterne dort von einem Mund auffliegen,
sah lange trauernd auf ein Lächeln, das erfror.

Allein für dich

Nichts anderes will ich mehr zu sagen haben,
Nur, was meine Hände aus der Erde graben,
Wenn sie, nach großem Ernten, allem Mühn und Regen
Sich schwer und müde auf die Furche legen,

Wo Blühen und Gedeihen war und Frucht,
Und nun, wie selbstvergessen in die Krume sich
Eingraben. Ach, meine Hände, wisst ihr denn, was ihr sucht?

Es ist ein Wort, das nimmt und gibt und spricht
Aus allem Dunkel, das sie jetzt gefunden haben:
Hier, das ist dein, gehört nur dir, allein für dich...

An die Bilder

Ich weiß, dass meine Schritte sich messen dürfen mit eurer Unzählbarkeit;
wie Stern zum Sternbild wird,
                         die Blume sich im Sträußlein wieder findet, das sich jemand band,
so werden meine Schritte auf allen Wegen in die Dunkelheit
von jedem Wanderer, der einst nach mir kommt, unzählbar wieder erkannt.

Manchmal, wenn ich staunend gehe, winke ich einladend mit der Hand
euch Bildern zu, unzählig aufgereiht an meinem Weg zu beiden Seiten,
wie schön das ist: ihr lasst meinen Atemzug und Herzschlag tief in euch hinein,
und selbst mein Schmerz darf euch berühren, darf euch Schmerz bereiten,

ich weiß, dass ihr nur da seid, weil ihr alles Menschliche liebt;
als hättet ihr von einem großen Menschenhimmel leuchtend euch los gerissen,
stürzt ihr zutiefst in mich hinein, wollt mir zeigen, wie sehr es mich hier gibt,
wie sehr wir für immer hier bleiben, wie sehr wir für immer fort gehen müssen.

Auf dem Boden der Körbe

Suchst du ganz dicht am Staub nach ein paar winzigen Freuden,
während die großen scharfen Messer durch dich schneiden?
Bis zum Boden und weiter in die Erde willst du dich bücken,
die Wolken ziehn und spiegeln sich auf deinem rund geschliffenen blanken Rücken,
was hältst du zwischen deinen Fingern jetzt, was hast du gefunden?

Zeig her, es sieht mir aus wie winzige verschorfte Wunden,
die auf der Zunge bitter schmecken, salzig sind und doch irgendwie munden,
es gibt in einem Mund voll Staub nur dieses einzigartige Entzücken,
und du, geerntet schon, auf eines Korbes Boden hältst du die Frucht
sorgsam in Händen, die keiner erntet je und die keiner je sucht.

Auferstandenes Wort

Für einen Augenblick der Erde leicht entwoben,
von kundiger Hand aus allem Schicksalsklang herauf gehoben,
gleich einem bunten Kieselstein in kleiner Kinderhand gewogen,
geworfen dann, hin zeichnend einen kurzen luftgewebten Bogen,

so, von aller Schwerkraft des Schweigens wieder zurück gezogen,
wagt doch das Wort den eignen zagen Flügelschlag nach oben,
schon sinkt es wieder, winzig ist sein Flug über die Welt,
auf die es, schwer von Träumen, sprachlos fällt.

Aufleuchten

Jede Kerze, sich verzehrend, mischt sich mit der Dauer
deines Weg's, und jeder Schritt macht heller und genauer,
was noch weit im Unsichtbaren, im Verborgnen steht,
es folgt auf deinem Weg dir, der ins Dunkel geht

 jeder Schimmer, jeder Glanz und setzt wie du behutsam Fuß um Fuß voran,
du hoffst, du weißt: du schreitest auf des Lichtes Bahn,
wo alles Erhellende zusammen findet und schon unsichtbar geschieht,
bis es jäh aufleuchtet in der Nacht und jeder es sieht.

Aufleuchtende Schultern

Zeit ist beides, ein Erzwingen und ein Erahnen;
da sehe ich nackte Schultern sich lehnen an den hellen Stein,
bis das kreisende Herzblut behutsam ändert seine pulsenden Bahnen
und strömt erwärmend, dehnend in die neuen Tiefen ein......

ich sehe in Schultern und Rücken sich sammeln eine große schneeige Kühle,
ein steinernes Schicksal, eine Stärke und Macht,
und nackte Schultern und der geäderte Marmor schimmern so zusammengebracht,
bis ganz zum Stein der Körper sich gesellt als ein lebendiger Wille,

genau so strömt das Blut gebeugter Schultern durch die lang getragnen Lasten,
leis zu versöhnen miteinander ewiges Beschweren, Tragen und Ertragen,
geformt von Kampf und Arbeit, müde sein und rasten,
leuchten sie manchmal auf wie ein Glanz von endlich vollendeten Tagen.

Blütenstaub auf allen Wegen

Denke dir einen leeren nackten Kellerraum,
Beton, kein Atemzug, nie eine Spur des Lichts,
was ist hier Wirklichkeit und was bedeutet hier Traum?
Nie klang Musik durch dieses echolose Nichts;

Denk dir den Himmel, blau und hoch und voll von Wolkenzügen,
durch den unzählbar Vogelschwärme hin und wieder fliegen,
zwischen streifenden Vögeln und all den blitzenden Sternen
ist Tag und Nacht so voll von tausend Nähen, tausend Fernen;

von überall her, aus allen Wäldern und auf Wanderwegen
wirbeln dir Wolken gelben Blütenstaubes entgegen,
den Blust des Löwenzahn bläst in die Augen dir ein frecher Wind,
und beide taumelt ihr den Weg entlang, lachend und blind,

dann denk, du musst hinab in diesen Keller gehen,
es wird dein Herz so zwischen Tod und Leben auf der Schwelle stehen,
du trittst hinein und siehst ganz plötzlich, traust deinen Augen kaum,
es weht unzählbar Blust und Blütenstaub mit dir in diesen toten Raum.

Das braune Gärtchen

Ein braunes Gärtchen oben auf dem Hügel
blitzt manchmal hell herunter wie ein Zauberspiegel.
Der Wiesenpfad hinauf ist steil und schmal.
Hoch ins Blau empor schwingt sich aus ihm ein Wolkenflügel,
an den alten Zaun gelehnt, schau ich ins Tal

hinab nach allen Seiten. Es wächst hier keine Blume,
ein stilles Leuchten nur kommt von der satten Krume,
tief atme ich ein, es riecht nach Wind und Erde.
Da quillt empor aus ihm ein Überfluss an Werde
mit aller Macht erscheinend auf einmal.

Die unbegrenzte Weite hier zu umzäunen, einzuengen,
wozu? Vielleicht ein Haus der Liebe mit nur einem Zimmer,
und alle, die sich suchten, fanden sich noch immer
an diesem Ort, wo Erd´ und Himmel sich begehrlich an einander drängen.
Ein leises Echo wiederholt es: immer, immer....

Liebesblicke fliegen, heimliche, schnelle,
zärtlich aus ihm her, lächeln, laden mich ein.
Ich spüre: Blut, das zum Herzen strömt, will über diese Schwelle,
hier bin ich Gast und darf zu Hause sein,
hier bin ich Meer, das an das Ufer drängt, Welle auf Welle..

Das graue Fenster

Wieder sitze ich vor einem grauen Fenster mit Richtung und Blick
auf Welle um Welle der Ewigkeit,
bin Klippe und Küste und endloser Strand
ohne zu wissen, von welch einem Land,

ich fühle nach vorne nicht, spür nicht zurück
und werde doch überrannt, überflutet vom Verfließen der Zeit,
bin wie ein Antlitz, entleert von allen menschlichen Zügen,
über das nur die Vögel wie ein heimliches Mienenspiel fliegen,

draußen aber ist Nebel und Rauch und jagender Wind,
die sich mit Schneeflocken mischen,durch dürre Blätter weissagend ziehn,
wo wie ein Kinderblumenbeet hoch oben kleine Flecken Blauhimmel sind,
in dem die heimlichsten Träume wolkengleich ziehn und verblühn,

wo dunkle Wipfel werden über schmalen Blicken zu Wimperngespreit,
das Rot der Beeren im Schnee unauslöschlich glüht im Gedächtnis der Zeit,
es fliegt da draußen kein Blatt im Wind, das nicht menschlich schon war;
da ist es wieder: dein stummes, dein leuchtendes Lippenpaar.

Das kleine Brücklein

So weit man sehen kann, nur Wiesen, Wiesen,
und drüber hin streift Wind mit tausend Silberblitzen,
der helle Bach im Gras, der niemals aufhört zu fließen,
ein wackliges Geländer, wo die Krähen sitzen,

die Kinder aus dem nahen Dorf spielen hier gern.
Und auch ich verharre jedes mal für ein paar Augenblicke,
es ist, als hielten mich der sanfte Bach, die kleine Brücke
für eine Weile in der Schwebe zwischen Nah und Fern.

Du kleines Brücklein, mit nur zwei, drei Schritten
schreite ich über dich hin, voll Freude, dass ich einfach vorwärts gehe,
ich spüre dann, du willst mich scheu und sprachlos wie die Kinder bitten,
dass ich das Spiel ernst nehme und dein Sein verstehe.

Tiefer je, als jeder Weg, den ich gegangen,
hast du meinen Schritt auf dir gefühlt,
hast mein kurzes Bleiben als ein Fließen ein gefangen
über dich hin, des kleinen Baches drunten menschliches Ebenbild.

Das lange Schweigen

Die Bank am Waldrand dort ist immer leer.
Nie sah ich einen ruhen dort zu kurzer Rast.
Und auch der Bach dahinter tönt schon lang nicht mehr,
als hätt er all sein Fließen wie im Rausch verprasst.

Es müsste jemand hier zum Ausruhn sich wieder setzen,
und dann, um Stirn und Lippen in der kühlen Flut zu netzen,
sich über klares, schnelles, strömendes Wasser beugen.
Ich warte auf lebendige Worte so in mir, die endlich brechen das Schweigen.

Das Licht der Kathedralen

Ich liebe Menschen, die zu tausend Malen
In nie versagender Geduld
Aus immer wieder neu zerschlagnen Trümmern
Aufrichten ihre arme Hütte.

Das rätselhafte Licht der großen Kathedralen
Erstrahlt in sanfter Huld
Auf ihrem welken Antlitz wie ein Schimmern
Von ganz oben, ihre schweren Schritte,

Ihre blinden Blicke tasten
Tagentlang und wollen schier verzagen.
Sie sehen nicht, dass in ihren müden Herzen Götter rasten,
Wo Antwort ist auf alle unerlösten Fragen.

Das Licht ging fort

Das Licht ging fort.Doch als ich im Dunkel nun allein,
war es plötzlich, als wolle noch jemand zu mir,
ein Hauch, ein Glanz von Dasein war zwischen Angel und Tür,
ein schmaler, atmender Schein,

ein beredtes Schweigen, als wolle es all mein Leben umfassen.
Bist du gekommen, nur, um Ewigkeiten verstreichen zu lassen,
gehörst du zu den großen Liebenden, die um das Wiederanknüpfen wissen
zerrissener Wege und die dich ziehen ließen?

Kommst du als ein Zugvogel auf deinem Flug in die Sonne zurück
in meinen Winter, in deinen lächelnden Zügen
das Geheimnis von immer wieder kehrenden herrlichen Flügen?
Wie ein schwerer Klang ist dein einst so fragender Blick,

 wohl wissend um die, die bleiben möchten und doch fort ziehen müssen,
du schaust mich an und schweigst, winkst leicht als ein Grüßen,
taub war ich, Tochter, und blind, nie hab ich dein Rufen vernommen
in all deinen Nöten, doch als eine Liebende, frei, bist du wieder gekommen.

Den unscheinbaren Blumen

Für euch, ihr kleinen, blassen, unscheinbaren
Blüten, duftlos, an den weiten Wegen,
die, wo ich ging, stets unsichtbar an meiner Seite waren
wie ein still und heimlich mir erteilter Segen,

euch singe ich. In euch versuch ich zu beschreiben,
was niemals ganz zum Schweigen gebracht wurde hier auf Erden;
vielleicht, dass meine Worte so wie ihr zu einem Anflug von Leben werden,
an schweren Wegen unbeirrbar tapfere kleine Blüten treiben,

ich gehe still vorbei an euch wie an vergessenen Orten,
seh jede eurer scheuen Gesten, jeden Liebesblick,
es bleibe von all meinen zahllosen Schritten und wandernden Worten
ein lebendiger Nachklang als Duft für euer Blühen zurück.

Der Augenblick

Ab und an ist es mir schon geschehen,
dass von den vielen Menschen, die vorüber gehen,
plötzlich einer stehen bleibt, sich zögernd wendet,
dann leuchtend einen Blick herüber sendet,
so funkelnd, lächelnd, leicht, wie an das Glück verschwendet...

Wie gerne würde ich jetzt rufen, ihn beim Namen nennen,
ihn fragen, ob wir uns von einem früheren Leben her kennen.
Jedoch, ich sehe, wie er weiter geht, sich wieder unter Menschen mischt,
eine Begegnung, die kerzengleich auf flackert und erlischt.

Der helle leuchtende Blick aber gleicht einer stengellosen Blüte,
die lang umkreiste eines heimlichen Gartens Mitte,
und nun, erst Stern, dann Fall, stürzt und herunter schwebt,
mit jähen Wurzeln sich in seine Erde gräbt.

Der Frühling

Auf schmalen ausgetretenen Pfaden entlang den alten Zäunen
brechen wie aus Erde frühlingshaft leise Schritte hervor.
Vereinzelt stehen Menschen aufrecht wie Sonnenblumen,
heben das winterlich weiße Antlitz sanft zur Sonne empor
und harren regungslos, lassen sich pflanzenhaft bräunen.

Wanderer auf dem Weg bleiben plötzlich stehen, schauen, verstummen:
ganz nackt, ganz hin gebreitet, ohne sich zu rühren
liegt eine junge Frau im Gras, als wäre sie allein,
als würde sie jeden, der an ihr vorbei geht, stumm dazu verführen,
in Gedanken nur noch bei ihr zu sein.

Der Gehorsam der Rosen

Hände, noch müde, die den Frühstückstisch decken,
Wischen sorgsam Unsichtbares vom geblümten Tuch,
Als wollten sie unbewußt, wie träumend, etwas verstecken,
Einen leisen unerlaubten Schrecken
Und einen kaum spürbaren Angstgeruch.

Zeitung. Kaffee. Umgeben von den gewohnten Dingen.
Die Rosen in der Vase. Das noch immer sanfte sich Berühren.
Doch dann beginnen die gelösten Finger unruhig auszuführen
Auf dem Tische Zeichen, Worte, die nicht mehr gelingen.

Aber der Gehorsam der Rosen im Innern,
Die immer weiter blühen, selbst wenn Augen und Herzen erblinden,
Verlässliche Augensterne, die tief in die Seele schimmern,
Polstern, Orion, Wagen, am eigenen Himmel zu finden,

Erinnern daran, dass die Farben des Lebens glühen,
Unvorstellbar leuchtend von allem Werden geträumt,
Und in allem Dunkel strahlend stets zu erblühen,
Nie wurden sie jemals versäumt

Der Herbst beginnt

Wenn schöne Blätter auf die Erde sinken,
dann will auch ich so schön sein und mich fallen lassen,
wenn Schönheit stirbt, dann sinkt sie heilig und gelassen
auf Erde wie in dunkle Augen, die sie glühend trinken.

Es duftet jeder Atemzug nach Weg und Pfad
dort, wo Blätter bunt verstreut um müde Bäume liegen.
Dann will auch ich Baum sein, der alles Laub von sich geworfen hat,
mit allen Zweigen winkend nach der Ferne und den Vogelzügen.

Mit euch, ihr herbstlichen Bäume, will ich hinunter streuen,
was lebt und bebt an mir, zittert, flüstert und bangt,
spüren, wie große Freiheit in die höchste Krone gelangt,
und Licht und Schönheit sich, bis in die Wurzeln leuchtend, wieder erneuen.

Der kleine Kampf

Wie konntest du, weit über dieses öde Land, mit deinem Fließen bis hier her gelangen?
Dem kleinen Wellenspiel vor mir und deinem Strömen bin ich nach gegangen,
den glitzernden Sonnenfunken,
                    gleich den weißen Schmetterlingen, die ums Haupt mir fliegen,
und einen weißen Kieselstein sah ich auf deinem Grunde aufleuchtend liegen.

Manche der Schmetterlinge taumelten ins Haar mir, wo sie sich sanft verfingen,
ich spürte ihren kleinen Kampf ums Leben, bis erste Flügelschläge doch wieder gelingen,
so war es mit mir heute, als ich tief in Gedanken
dir versunken folgte, dass auf einmal ein Gewirr von Brombeerranken

sich um meine Füße schlang; beinah zu Fall gebracht,
erschrak ich tief, es war der Weg für meine Schritte plötzlich unentrinnbar gemacht,
und ich begann, wie heller Kieselstein auf einem dunklen Grunde, zu erahnen,
wie tiefe Bilder schwer einen Weg sich hin zum Erkennen bahnen,

ich sah den kleinen Kampf in jedem Bild und wie sie wunderbar
und sanft sich doch befreiten, daß, was mein Auge unverbrüchlich sieht,
jede Blume, die am Wegrand im Vorrüber-gehen unbemerkt blüht,
einmal beinah zu Fall gebracht und schon gefangen war,
gleich einem Schmetterling, der taumelnd sich verfing in meinem Haar.

Der Straßenfiedler

Es ist etwas Verlorenes in sein Gesicht geschrieben,
das anders ist als alles rings umher,
er ist der Welt in nichts je etwas schuldig geblieben,
und doch, der grau verfilzte Hut vor ihm bleibt leer,

er hält die alte Geige tapfer in den Händen,
er weiß, er wird niemals sein Schicksal mit ihr wenden,
er schaut herüber, blickt mich aus der Ferne an,
wie schlecht er spielt, und doch so gut, grad wie er spielen kann,

ein Lächeln seh ich plötzlich still in seinen Zügen,
seh seinen Rücken tiefer sich über die Saiten biegen,
ich weiß, jetzt wünscht er sich, er könnte als ein Meister spielen,
denn niemand kann wie er das Unhörbare und das Unerhörte fühlen,

ich geh an ihm vorbei, auch ich hab nichts in seinen Hut gegeben,
doch ich drehe mich noch einmal und noch einmal nach ihm um,
und immer öfter sehe ich seine Blicke lächelnd auf mir ruhn,
und zwischen ihm und mir pulst ein erwachendes Leben.

Der Sturm

Das Lächeln der Hungrigen erblühte sanft wie ein Falterschweben.
Doch wer gab schon acht auf das Flehen hungriger Seelen,
Die demütig baten? Und wer dachte jemals an Geben?
Da wurde Lächeln zu Wind, zum sanften, demütigen Wehen.

Jetzt lässt ein Sturm die Häupter der Menschen sich biegen,
Bis sie wie entwurzelte Bäume verstreut auf dem Boden liegen.
Die abgestorbensten Wünsche noch aus der Erde zu quälen,
den ungezählten Toten dumpfes Erinnern zu befehlen,

wühlt er hinab.Wo hoch in den Lüften sich Wurzeln und Zweige vermischen,
Hört man alle vergeblichen Bitten der Welt wie brennende Lunten zischen,
Und kein Leben kann jetzt noch fliehen davor und sich wehren
Gegen den Zorn vergeblicher Wünsche, die nur noch maßlos zerstören.

Der Traum von Heilung

Wie eine Kerzenflamme schwankt der Brücke Geleucht
über des Flusses versiegeltem Strömen,
die mit all ihren Pfeilern den Grund erreicht,
und doch weht ein Hauch über sie hin wie ein Sehnen,

nach gesammelten Fernen ein Zugvogeldrang,
es weht mir entgegen bei jedem Gang
zwischen den Ufern wie von Leben zu Leben,
die Kette gelöst, und auf und davon schon zu schweben

beginnt sie unter den Blicken der Dulderinnen,
die ausbreiten am Ufer die schorfigen Linnen
all derer, die erstarrt sind in Leid und Beschwerden,
den Hoffnungslosen und Zerfleischten auf Erden.

Aber nachts blitzt über ihnen der Sterne Geleucht
mit einem Feuer, das wie die Pfeiler von Brücken
den Grund all ihrer Leiden erreicht,
bis jede Wunde sich entblößt und nackt steht vor ihren strahlenden Blicken.

Der zornige Gott

All meinen Wundern und Zeichen
Seid ihr als Schmerz zur Seite gestellt,
Ihr sollt sie auskosten und weiterreichen
Im verströmenden Blute der Welt.

Alles Töten, alles Leiden und Zürnen
Verleugnet mein Handeln nicht,
Wenn hoch auf auserwählten Stirnen
Meine überragende Wunde aufbricht.

Ihr Menschen in all eurem Streben
Könnt nur dem Blute gehorsam sein,
Da ist euch mein Herz und mein Schicksal gegeben,
Für ewig euch Gott zu sein.

Die alte Scheune

Mit des Sinkens dürftiger Gebärde
kriecht sie immer tiefer in die Erde.
Noch einmal, mit zuwendender Gewalt
öffne die Faust, die sich um Leuchtendes ballt.

Versuch es noch einmal, denn mit dem Sinken
wird auch der Unbehausten Augenlicht ertrinken,
die im Dämmerschein der alten Scheune Ruhe fanden,
eh sie auf unberufenen Wegen irgendwo hin verschwanden.

Doch haben ihre heimatlosen Herzen
das Innere dort mit unsäglichen Farben geschmückt,
mit Fresken glühender Wünsche und lautloser Schmerzen,
strahlende Bilder, in zeitloses Dunkel entrückt.

Aber sie lässt nicht los, ihre todesfeuchten
Finger umschließen für immer das vollendete Bild.
Und ihr Zerfall steht da wie ein eherner Schild,
hinter dem der wandernden Herzen verletzliche Farben leuchten.

Die Autofahrt

Sie zog mich fort mit ihrer ansaugenden leeren Gewalt.
Nie sah ich etwas glühender erstrahlen als den Asphalt
der Straße nach dem Regen, jetzt ein Fluss,
der weithin sichtbar, gereinigt, als ein strahlen Sollen
sein Strömen trug, zahlloser Räder singendes Rollen.
Erkannte ich, was Bahn ist, bis dieser blitzende Gruß
mich berührte als ein Nie gedachtes, aus dem Übervollen..?

Vielleicht ist Liebe so, so schnurgerade geschnitten
wie dieser strahlende Asphalt, so weit gebahnt, so eben,
als ginge es mit hoher Geschwindigkeit von Leben zu Leben,
leicht und verlässlich, um dem Vergänglichen vertrauten Halt zu geben,
immer einer menschlichen Landschaft inmitten,
und immer sagt jemand neben dir: Bald sind wir da.

Geblendet vom hellsten Licht, das ich je sah,
fuhr ich den Freuden der Liebe entgegen,
auf einer Straße, noch nass, gereinigt vom Regen....

Die beiden

Ich konnte die beiden als feine zitternde Linien sehen,
sie gingen auf die blendende See zu, gerade noch sichtbar im Licht,
sie sahen aus wie zwei, die schon lang übers offene Wasser gehen,
ohne sich je um zu schauen und sie versanken nicht...

sie gingen Hand in Hand wie über des Meeres freies Erinnern
an alle Stürme, Welle für Welle gespiegelt in ihrem Innern,
von weit her im Wind vernahm ich ihr verzaubertes Lachen,
bis sie gleich schwankenden Booten zu Horizonten zerbrachen....

Die blaue Stunde

Um des Menschen Seele
Und den See,
Beides umrunde,
Um beides geh
In der blauen Stunde.

Es spiegelt Welle auf Welle
Den Gipfelschnee.
In dunkler Stunde
Spiegelt der See
Auch meine Wunde,

Auf blitzenden Flügeln
 im Wind überm See
sind weiße Vögel, die alles Leid, alles Weh
Hell überflügeln,
 für immer besiegeln.

Die Einsame und der Baum

Lang bleibt sie vor des Fensters grauem Viereck stehen,
sieht da und dort verblassend einen Stern noch funkeln.
Es rauscht mit einem Male auf im Dunkeln
und pocht ans Fenster, vom Morgenwind berauscht, der Baum,

ihr Baum. Wie Gischt des Meeres ist sein Blätterwehen,
das tost und brandet an den Strand in jedem Traum.
Manchmal denkt sie, er freut sich, sie am Fenster zu sehen,
sie winkt ihm zu und fühlt, sie stehen beide mitten im Leben,

sie würde gerne ihm eine Antwort geben...
Da klopft ihr Herz, als wolle es sein Rauschen überflügeln,
nackt will sie sich vor ihm in ihrem Fenster spiegeln,
sie schenkt ihm ihre Glut, er soll sie zittern sehen...

Vom Liebesspiel erregt, stellt sie sich vor, ihn zu verführen,
er soll all ihre Nähe, all ihre Lust und ihr Alleinsein spüren.
Der Baum vor ihrem Fenster, der so Verführte und Begehrte
erstrahlt in purem Golde jetzt und allem Glanz der Erde.

Die Engel

Wie sind sie hilflos, wenn sie unsere Wunden sehen,
die lebendig bleiben, die nicht heilen wollen,
ohnmächtig zaudern sie, wenn sie dabei sein sollen,
wenn Schmerzen kommen und nicht mehr vergehen.

Und immer fliehen sie und werden doch zurück gebogen,
gänzlich unversehrt von allem menschlichen Verfall,
als würden sie von unseren Leiden magisch angezogen,
kehren sie zurück, fliehen erneut, und bleiben auf einmal.

Dann stehen die Unverwundbaren neben uns Unheilbaren,
wie blutend zuerst, zerrissen, endlich ausgesöhnt,
und wir, von Trost und Hoffnung wunderbar verschönt,
erkennen jäh, dass wir schon immer unzertrennlich waren.

Die Madonna lebt

War da nicht eine leise Bewegung
ihrer Hände, suchend nach Begegnung,
zarte Finger, wünschend, zu berühren?
Ihre Wangen, ihre Lippen schienen sanft zu glühen,
in ihren Augen glaubt ich ein verhaltenes Feuer sprühen,
es schien, als ob ein warmer Hauch von ihren Lippen wehe,
ich konnte plötzlich ihre Sehnsucht nach dem Mensch sein spüren,
all ihr Lebendig sein tat sie mir wagend kund.
Das Wunder ihrer Gottesliebe, zag und lebenswund,
erschien mir jetzt so kostbar, so bedürftig aller Wärme, aller Nähe,
dass ich sie jäh küsste auf den herben lächelnden Mund.

Die Nähe der Dunkelheit

Sacht löst sie ihre schwarzen Haare in der Nacht
und hält den Atem an in ihrem tiefen Schweigen,
kein Stern blitzt hell hervor aus dieser sinkenden Pracht,
du ahnst nur, wie ihr Nacken, ihre Schultern sich ein wenig beugen,

 wie ihre Hände, leis empor gehoben, sich in den Locken rühren,
die fallen und verdecken, du weißt nicht, welches Gesicht,
und Haar und Wimpern stürzen doppelt auf ein Augenlicht,
nichts weißt du, nur, du möchtest sie berühren.

Die Rückkehr der Opfer

Wir werden wieder leben, wenn alle Lebenden rufen:
Kommt zurück. Und wie eilen wir schon.
Vom Schlachtfeld, von verwüsteter Tempel Stufen,
herab auch vom höchsten Thron.

Herauf aus versunkener Weinberge Tiefen,
kommen näher wie ein fernes Lachen im Wind,
und die Lippen von Liebenden, die uns riefen,
werden spüren, dass wir Küssende sind.

Leid ist das Zeichen. Daran erkennt ihr uns wieder.
Nicht vorbei ins Erlöste wollen wir schweben.
Wir kommen zurück ohne jedes Vorüber,
um zwischen euch und mit euch zu leben.

Der Mund Erschlagener ist ein Mund voller Lieder.
Die werden wie Blut in den Ohren euch rauschen.
Es wird uns geben; dich und mich wird es wieder geben,
und Zärtlichkeiten werden wir tauschen.

Die Sternschnuppe

Bist du es, Stern, der hinter Wolken schwand?
Ein altes Bild, verblasst, von niemand mehr gekannt?
Ein Wunsch, für den ich stets zu spät den Namen fand?
Vielleicht ein helles Wort in dunkler Stunde nur,
das rasch verglühte wie die Sternenspur.

Doch immer wieder warst du plötzlich da,
wenn ich in grauen Nächte aufwärts sah.
Ein Licht, so unbekannt und doch so seltsam nah,
das in mir ruft und mich beim Namen nennt
und stürzt und brennt.

Die Taube im Dom

Da, wo die Säulen sich beschwingter um das Rund der Kuppel scharen,
Im Kreuzgewölbe mit den Heiligen allein,
Entzog sie sich immer wieder meinem verfolgenden Blick.
Verborgen hinter Figuren aus Marmor und dem Gebück
Verschlungner Ornamente ruhte sie ein.
Doch spürte ich nicht ihren Flügel grad in meinen Haaren?

Wieder schwang die Taube sich in immer neuen Kreisen
Entlang der Marmorstatuen tragendem Spalier.
Es schien, als würden Wolkenschatten durch die Kuppel reisen,
Verdunkelnd erst , dann wieder hell erleuchtend die steinerne Zier.
Die Taube, halb Gottes Geist, halb menschgewordnes Tier,
Schwebte leicht wie empor getragen von den Orgelweisen.

Kann sie denn irgendetwas wieder auf die Erde locken?
Ein paar verstreute Krümel auf dem Marmorboden von des Herren Brot,
Den Tropfen Wasser zu picken, den die Taufschale ihr bot?
Vielleicht wirft sie herab der Donner sich überschlagender Glocken?
Doch plötzlich war sie meinem ermüdeten Blick entschwunden.
Zu Boden sah ich nur für einen Augenblick und hab sie nie mehr gefunden.

Die verfallene Kirche

Es drängt sich wie der Hügel aufgeschwungene Erde
im Wanderer empor zur Andacht eine dumpfe Herzbeschwerde.
So unbestimmt, so müde, ohne einen klaren Gedanken zu fassen,
gleicht sie aufs Haar der Kirche dort am Weg, verfallen und verlassen.

Im leeren Kirchenschiff das gleiche unbestimmte Leid, sie spüren
ein vages Unversöhntes, Unerlöstes. Nur über dem Altar,
wo ein heller Umriss an der Wand zeigt, wo der Erlöser war
am Kreuze, wenn sie die Stelle sanft mit ihrer Hand berühren,
erschauern sie, als reihten sie sich ein in seiner Jünger Schar.

Ihr Atem und der uralte Staub beginnen zögernd, einen zarten Glanz zu weben,
der will am Taufbecken, dem verdreckten, wie von oben herab schweben,
der längst vergessenen Glocken zages Wimmern klingt in ihren Ohren
gleich einem ersten Laut von Leben,
                    hier zwischen Trümmern auferstanden oder neugeboren.

So ruhen sie eine Weile aus,um dann aufs neue vorwärts zu gehen,
kein Bleiben gibt es zwischen ihnen und der Ferne,
Manch einer, der jäh stehen bleibt, um sich noch einmal um-zudrehen,
kann am Horizont aus alten Schmerzen sich aufschwingen sehen
zwei helle Türme wie vom Pflug ans Licht gebrachte Sterne.

Die Wiesenkapelle

Es branden rings wie windbewegte Meere die Wiesen herbei.
Das Gras, ganz aus der Tiefe wieder menschgeworden,
das sich sehnt nach der Marienlieder heiliger Litanei,
schwebt wie Musik heran in Blütentraumakkorden.

Es schlagen Nesseln dir empor an deinen nackten Knien,
du ziehst mich doch mit beiden Händen sanft zur Kapelle hin,
wir treten schweigend in den dunklen leuchtenden Raum
und hinter uns schließt sich die Spur im hellen Wiesenschaum.

Durchs Dunkel gehen

Durchs Dunkel gehen, aber nicht allein, es macht
Die Finsternis dich vielleicht blind.
Und einer, der mit dir geht durch die Nacht,
Ist plötzlich hell und wach wie Sterne sind.

Liebe kann so hilflos sein im Dunkel
Und vergessen, dass sie Liebe ist,
Märthyrerkreuz im blassen Sterngefunkel,
Herz und Mund weiß nicht mehr, wie man küsst.

Wer ihr jetzt ein unsichtbares Lächeln schenkt
Und sie leis bei ihrem Namen nennt,
Hoffend, bangend, dass sie wieder riefe,
Wird zum Stern, zur Sonne in der Tiefe.

Einsamer Abendspaziergang

Die in tausend Wettern grau gewordene Madonna
Blickt noch immer zärtlich auf ihr Kindelein.
Ein Vaterunser lang stehe ich bittend da,
Sie möge in Gnaden ein lebendiges Gegenüber mir sein.

Eine marmorne Nackte im Park ganz allein
Scheint sehnsüchtig nach mir herüber zu blicken.
Ich streichle ihr sanft über Hüfte und Rücken
Und lade sie scherzhaft nach Hause ein.

Laternen beginnen, ihren Sternenschein
In schwankenden Zweigen ins Traumhafte zu spinnen.
Sie könnten uns leuchten zu meinem Haus und hinein.
Doch sie schütten, versunken in wegloses Sinnen,
Ihr Licht achtlos auf den Pfad und ich bleibe allein.

Es bleibt mir nur, immer weiter zu gehen
Bis zur Erschöpfung und weit darüber hinaus
Und manchmal im Innern Sterne zu sehen
Und sie fühlbar zu deuten weit über mich hinaus.

Erlöschen einer Kerze bei geschlossenen Augen

Plötzlich ist ein antlitzhaft bleiches Glimmen
rings um den Docht, der sich hinab zum Wachs bückt und krümmt,
wie ein Blatt, das auf den Fluss fällt, beginnt ein Sehen zu schwimmen,
sich blicklos verdichtend zu einer Träne, die rinnt,

dann ein Kerzenduft wie Opferrauch von Altären,
den ein blinder Gott verwirft oder gnädig an nimmt,
Glanz von Lebendigkeit, der blutgleich durch alles Leblose kriecht,
vor geschlossenen Augen ein leiser Andrang von Licht;

erlosch die Flamme auch oben, wird dennoch heller ein Schein
und sichtbarer, als würde hier auf dem Grunde der Dunkelheit wohnen
ein Leuchten, das sich anbetend naht allem Blind- und Unsichtbarsein,
zahllos wie Sterne der Milchstraße, grenzenlos, in Prozessionen.

Ernte in der Tiefe

Du nahst dich mir mit meinem eignen Leben,
Zu deinem Flüstern muss ich meinen Atem geben,
Der sich mit deiner Atemlosigkeit vermischt.
Dein kurzes rasches Blühn ist meine Sterbensnot,
Bist du für Augenblicke glücklich, früchteloser Tod,
Bis unser beider quälendes Keuchen endgültig erlischt?

Oder reifst du als aller tiefer Wurzeln Früchte,
Die sich formen aus erdgewordenem Angesichte
Im Dunkel glühend heran, derweilen wir verblühn?
Sag, wirst auch du geerntet drunten in der Tiefe
Und das in deinem Herbst dann uns der Frühling riefe
Und ungezählte Atemzüge wie berauschtes Blühn
wieder in uns einziehn?

Erster Schnee

Zwischen Wurzeln, Gräsern, unlösbar verzweigt,
wieg ich mich, Halm zu Halm unzählig hin gebreitet,
und so, wie Zweig und Halm im Wind sich beugt und neigt,
lauscht auch mein Ohr hin, ob ein Mensch abseits von Wegen schreitet -

ich weiß, der Himmel über mir ist voll von Menschenschritten,
zertreten oft, dann wieder auferweckt von Sternennacht und Tau -
hab ich geschwisterlich mit allem Wuchs mich menschengleich immer empor gelitten,
steh stumm am Wege nun, der Schicksal mir bedeutet und Vorüberschau..

da wandern Schatten oft, die sich zu mir mit ihrer Tiefe wenden,
als wär ich ihr ersehntes Liebesspiegelbild: darf ich sie Brüder nennen?
Aus einem Himmel kommen sie, erschaffen von vergänglichen Händen,
die leicht wie der erste Schnee auf meiner Haut schaudern und brennen.

Fahrt im Riesenrad

Du drehst mit andern dich in einem schönen Kreis,
es ist die Fahrt im Riesenrad dir eine zauberhafte Reise,
und immer, auf dem höchsten Punkt, hält es für einen Wimpernschlag an,
du blickst so weit, und wenn es wieder sinkt, erfüllst du eine Bahn,
es zieht die Welt gleichmütig um dich ihre sanft geschwungenen Kreise,

da fühlst du plötzlich, dass die warme stützende Hand,
die wie ein sicherer Griff war, wie Rückenwind auf weit gespannten Brücken,
von deinen Schultern sinkt und jäh hinaus schwingt über den Rand
des Abgrunds und du folgst ihr scheu mit deinen Blicken,
es zieht dich auf einmal die Tiefe unter dir magisch an,

aus deinem Innern greift die Liebe mit Gewalt nach dir, es schlägt die Stund`,
wo abendlicher Lichterschein und Sterne sich gleichen,
es will die Hand vom Abgrund her dir leichte Flügel reichen,
du atmest mit dem Fahrtwind um die Wette, lachst mit geschwelltem Mund,
zwischen den Schultern aber, da, wo die Hand war, spürst du den Grund.

Fluss in der Nacht

Ein müdes Licht, wie aus Unendlichkeit, das trüb herüber blitzte,
gleich Menschenaugen über blindem Schicksal,
                wo kein Beten, wo kein Hoffen mehr nützte,
vom anderen Ufer her. Sehen sie mich hier verloren stehen,
und spüren meinen Wunsch, es möchten alle Dinge nur noch vorüber gehen?

Mich lockt kein Wandern mehr, kein Wunder, keine Sternen-helle.
Ich stehe ganz allein im Dunkeln nur am Fluss,
lausche dem Klang der Wasser, seiner atemlosen Schnelle,
wie er stets vorwärts drängt und doch stets bleiben muss,

denn so vergeht mir jeder Tag und jede Nacht:
ein Rauschen immer, und vom andern Ufer her, müd überwacht
ein fernes Schicksalsauge, blind, das nicht mehr schlafen kann,
zu meinen Füßen ein eiliger Weg, eine unüberbrückbare Bahn.

Früh verstorben

Schwester, bindest du den Kahn schon los?
Die Wolkenwand türmt sich empor, drohend und groß,
Ein mattes Leuchten fällt dir in den Schoß
Aus Finsternissen. Bindest du den Kahn schon los?

Horch! Der ewig küssende Fluss, wie wird er still.
Ins Dunkel fließt er ohne Leidenschaft und Ziel.
Es leuchtet noch ein einziger Stern, brennend und groß.
Schwester, bindest du den Kahn schon los?

Ein banges Atmen, kalt wie Windhauch, streicht
An Wäldern hin, als ob es noch sein Ziel erreicht,
Ein verzweifelt Gutes, stürzend, atemlos.
Schwester, bindest du den Kahn schon los?

Früher Winter

Ich stehe vor des Waldes frühem Winter-Rankenwerk,
das trockene braune Laub von erstem Schneekristall beschwert,
verflochten, dürr und grau der Wald bis zu den Wipfeln oben
und totenstill, jedes Weltgeräusch unwiderruflich aufgehoben...

kein leichter Windhauch wiegt die Zweige auf und nieder,
kein Vogel huscht durch märchenhafte Gitter frei hin und wider,
ab und zu löst sich ein Blatt unter der Bürde aus Schnee,
eine winzige Bewegung von Licht, die ich schmerzhaft spüre.... versteh....

Warum fühle ich mich hier....mir selber so zu geneigt,
Herzblut und jeder Atemzug unentwirrbar mit dem Dickicht verzweigt,
wie kann ich das schweigende Du, das mich hier anfällt, in Worte fassen,
hab ich ein früheres Leben so der Welt als Wildnis zurück gelassen?

Gastlichkeit am Wege

Es liegen manchmal unverhoffte Früchte an den Wanderwegen,
es will sich eine scheue Gastlichkeit rings um mich regen,
ich fühle es, es steht jemand mit leer gewordenen Händen unsichtbar daneben,
der nicht mehr fassen und berühren darf irgend ein Leben.

Da liegt der Apfel mitten auf dem Wege, schau,
wie schön er ist, wie gänzlich auserwählt, dort einer Traube hin gereichtes Blau,
sie liegen da wie ein Geschenk des Himmels, nur vom Boden aufzuheben.
Doch eurer Gunst, ihr Hände, abgeschieden schon, obliegt es , sie uns zu geben.

Gefühl und Begegnung

Ich kam jetzt jeden Tag in diese Kirche her,
bin als ein Einsamer zu Dir, Maria, gegangen,
habe jedes mal stammelnd mit dir zu reden an gefangen,
jedoch, vor Dir zu knieen und zu beten, fiel mir schwer.

Ich setzte mich in eine Bank, begann zu lauschen und zu warten,
doch da war nichts, ich hörte nur den Schlag von meinem Herzen,
der wie ein müder Schritt wechselte von leicht hin zu schwer
im Wiegetanz für eine Weile eingeschlummerter Schmerzen.

Und heut? Ich spüre heute zum ersten mal einen zarten
Anklang lebendiger und reiner Dankbarkeit.
Kann es sein, auch Du fingst an, jeden Tag heimlich auf mich zu warten
und wir nehmen uns, wie Liebende, ganz für einander Zeit?

Gemälde, im Dunkeln betrachtet

Das Bild an der Wand zur Mitternacht,
am Tag so warm leuchtend, verändert sich ganz.
Was im Licht der Sonne hell schimmert und lacht,
bekommt jäh einen fremden, verstohlenen Glanz.

Verdichten sich nur schwelende Finsternisse
ringsum? Und doch, wie Funken sprühen
zitternde Lichtblitze auf und die Umrisse
von Augen und Lippen beginnen zu glühen.

Dann wieder Dunkel. Nur ein Glanz dann und wann.
Bild, ‚wie kenne ich dich gut von so viel betrachtenden Stunden.
Und doch habe ich nie, was ich in dir suchte, gefunden.
Ob Gottes Härte endlich zwischen uns beiden zerrann?

Da fährt ein Züngeln über dich hin wie glühende Flammen.
Sind es noch einmal des Tages schlaflose Farben?
Doch höher schlagen der Dunkelheit Wogen zusammen...

Die Nacht durch wachend reift mir ein heimliches Wissen:
Du bist Bild und Ausdruck derer, die ungeliebt starben
und vor denen wir lang stehen und um sie werben müssen.

Gespräch über Erde

Du siehst ihn aus den Schatten sich herüber beugen
in den Stunden, die so langsam verrinnen,
die so dunkel sind, so zögernd und so schwer,
um ein Gespräch mit dir über Erde zu beginnen
unter deinen Füßen und irgendwann rings um dich her.

Ich glaube, hörst du ihn mit leiser Stimme sagen,
dass Erde in Demut vollendet ist
und du am Ende von all deinen Erdentagen
in einem Himmel aus Demut begraben bist.
Und alle rings lächeln, nicken und schweigen.

Glück aus dunkler Erde

Im kleinen Friedhof wuchert, überquillt das Gras,
als ob es hier von aller Vergänglichkeit für immer genas,
kommst du im ersten Morgenschimmer, Freund, dann schau,
es führen zwischen den Gräbern dunkle Spuren durch den blitzenden Tau,

es kreuzen sich hier ungezählte heimliche Lebensbahnen,
es lässt sich Weg um Weg aufs neue aus der Tiefe wieder erahnen,
Mohnblüte leuchtet rot, glüht aus dem schwarzen Haar
der schönsten Frau, die vormals schritt als Braut hier zum Altar

auf diesem einzigen, schmalen, tief eingetretnen Wiesenpfad.
Wie summen heut geschäftig darauf hin und her die Bienen.
Die alten Gräber rings sind Fenster mit blühenden Gardinen,
dahinter sich ein jeder Tote wohnlich eingerichtet hat......

ich sehe es genau, sie ziehen sich ein klein wenig zurück,
es folgt mir, als ich gehe, von allen Seiten her ein lebendiger Blick,
ich denke mir dazu die freundlichen,die hell gestirnten Mienen,
und aus dem Herzen wächst wie aus der dunklen Erde – ein Hauch von Glück.

Glühende Nelke

Du spiegelst aus der Tiefe mir ein Blühen, Nelke,
ganz ohne Kampf und Schmerz im Innern eine glühende Pracht,
erfüllst kraftvoll die Vase jetzt mit all deiner beginnenden Welke,
hebst dein Haupt wieder auf wie zertretenes Gras nach einer taufrischen Nacht,

genau so richtet Leid sich wieder auf in mir, wie du in deiner Vase Rund,
so blumenschön jede Schwachheit, als Schmuck in meiner Seele zu stehen,
komm, wir blühen hinunter bis auf aller Wurzeln Grund,
denn Leuchten ist dies: im Sinken einander sehen....

Heimliche Liebe

Müde vom Gehen, will ich ruhen, aber nicht mehr beten,
knieend vor einem Gnadenbild flüstern von meinen Seelennöten;
stumm und erschöpft mich mit dem Rücken an die Mauer lehnen
genügt, ich bin erfüllt von Atem, Herzschlag und dem Sehnen,

ich möchte manchmal doch in meiner Wanderbeschwerde
von stiller Hand leise getröstet werden,
ich weiß, wenn nichts mir mehr als Weg und Gehen bliebe,
ist jeder Schritt und Atemzug doch Weg und heimliche Liebe.

So geh ich durch den Tag wie durch ein großes Luftgebäude,
und immer hör ich Stundenschlag und wache Glocken tönen,
Schritt, Atemzug, Uhrschlag und Glockenton ist hier und heute,
manchmal ein Ruf, der weit durch tragende Lüfte schallte,
wie unausdenklich ist's, dass all dies ungehört verhallte...

Himmel und Reise

Bahnhofsgefühl, Himmel und Reise.
Ein Lächeln, fremd und schon verweht.
Ein Heiliger summt eine alte Wanderweise,
Ein Mensch erscheint, der zögernd aufersteht.

Ein stummer Beter sitzt im Wartesaal.
Das helle, schattenlose Kreuz hängt an der Wand.
Der Gnaden Segel füllt sich auf einmal
Und die Arche treibt über Land.

Ich hob einen Stein vom Boden

Ich hob auf meinem Wege irgendwo an irgend einer Stelle
mir einen Stein vom Boden auf,
        so, wie man mit bestimmten Augenblicken unerklärlich spielt,
da lag er auf der Fläche meiner Hand und war auf einmal so in mir gefühlt
wie eines langen Tunnels erster Schimmer, seine erste fühlbare Helle,

ich glaubte nur, daß ich mich täusche, und ich warf ihn achtlos auf den Weg zurück,
da ist ein Gegenfühlen wie ein sanfter Fingerdruck in meiner Hand geblieben,
und jede Linie darin schien mir
        und Ader auch für Ader in sein Inneres abgeschrieben,
als wäre er all meines flüchtigen Lebens einziger zurück bleibender Augenblick.

Im Kreuzgang

Durch den Kreuzgang still bedächtig gehen,
Wo die alten Fresken dich verzaubern.
Im Schauen und Innehalten
Begegnen dir Augen, die sehen
Glühend aus farbig umrissnen Gestalten,
Und wie sie dir Zeichen geben,
Erkennst du mit kühlem Schaudern,
Dass sie wissen um dein verborgenstes Leben,

Sie kennen dein stummes Flehen,
Deine Gebete, die unerhört verhallten,
Und alles scheinbar Verlorene des Lebens
Bewahren sie, dass nicht vergebens
Auch nur ein Augenblick verstreicht in müdem Zaudern,
Und was sie als dein Fragenstes verstehen,
Verwandeln sie in Glück von andern, die dich leuchtender sehen.

Im Weltensturm

Wenn wir in spät herbstlichen Zeiten
durch welke Blätter schlurfen und schreiten,
leis raschelt Erinnerung unter den Füßen.
Heute aber wirbeln sie aufwärts und fliegen

im Herbststurm hoch um uns her,
bis im Weltensturm all unsere Gefühle verfliegen,
so, als liebte Liebe nicht mehr.
Heimlich spürst du, es will dich jemand verführen,

ein leises, verstohlenes dich Berühren,
dieses kleine Drängen, noch näher her.
Plötzlich reißt ein zügelloser Tanz von unzähligen Küssen
 dich begehrlich in seinen Kreis,

du, ein loses Herzblatt dazwischen,
das im Vorüberwehn alles Helle und Dunkle vermischen
soll, wirst aus einem Arm fort in den andern gerissen,
als gäbe es nur ein stetes sich trennen müssen...

Ist Liebe etwas, von dem man nichts weiß,
nur dieses Entzücken und Quälen,
das sich selbst in das Herz der Toten noch stehlen
will um jeden Preis?

Immer Bruder, immer Schwester

Des Lebens Ganzheit, die wir nicht verstehen,
Wir suchen sie mit Schmerzen, im Hinuntersehen,
Fallen, Strömen, Sinken, darüber weit verzweigt
Sich eine Krone beugt, ein Stern, ein Leid.

Licht ist immer Bruder, immer Schwester, es muss wandern,
Zwischen allem und allen tätig, unentwegt,
Vom Ich zum Du, von mir hin zu den andern,
Bewegt, auf Wegen, strahlend auferlegt.

Vergessene Liebe mir wohlfeil abzuhandeln,
Naht sich das Licht, feilscht mit mir um alle müden Dinge:
Schau, dieses Glück brauchst du nicht mehr, doch ginge
Es mit mir, wie könnte es ein Dunkles noch verwandeln......

Ich gebe dir dafür etwas von meinen Dingen,
Ein Lächeln, Sternenschimmer, einen Gruß, ein Wort,
In schwerster Stunde immer einen Hauch noch von Gelingen
Und immer den Ruf deiner Augen: schau dort!

Gib mir noch diese eine helle Stunde mit.
Ich gebe dir dafür die Gabe, hinzusehen.
Schau, da versucht schon jemand, wieder aufzustehen,
Und lächelnd wartest du auf seinen ersten Schritt.

In alten Gärten

Wo Herz und Erde einander gleichen,
aus beiden das Gras sprießt mit Blumen und Zeichen,
wo Antwort erwächst auf alle dunklen Fragen,
wo Morgentau funkelt und ehrwürdige Bäume aufragen,
wo stille Gärten sich breiten, die Menschen einst waren,

wo durch tiefe Wurzeln und weit tiefere Bahnen
warmes Blut pulst von unzählbaren Ahnen,
wo Frucht, gereift und geformt in Schicksal und Glut
als Samenkorn, von glänzenden Märchen umgeben,
die ihnen flüsternd erzählen von einem ewigen Leben,

in Herz und Erde, Kind werdend, ruht,
wo dieses Herz, diese Erde einander gleichen,
wo Gärten sich breiten, die stille Menschen einst waren,
die einander beschenkten mit Blumen und Zeichen,
da bin der Welt ich verfallen mit Haut und mit Haaren.

In der Fremde

Ich setze mich im Bogengang
Auf die Steine, bin hungrig und müde.
Schwer sind die Beine, der Weg war lang,
Und ich sehne mich nach einem Wort der Liebe.

Warum schlägt mein Herz nur so schwer, so bang?
Warum will es so tief erschrecken?
Um mich herum lebt jung und lebt alt,
Warum kann ich niemand entdecken?

Ich klopfe an. Die Tür geht auf einen Spalt,
Und ich will etwas freundliches sagen.
Doch ich lächle und schweige mit fremder Gewalt,
Und in den Augen des andern stehn Fragen.

In fremden Wäldern

Ich sehe Wolken sich über fernen Hügeln türmen;
kann ich nicht doch in freien menschlichen Sprüngen fliegen,
durch mein Leben hin und hinein in fremde Wälder stürmen?
Das ist mein Traum: ich will der Zeit unwiderruflichem Verrinnen
einen Augenblick nur, einen winzig kleinen Vorsprung abgewinnen,
in fremden Wäldern nach den Wipfeln greifen und nach Vogelzügen...

Da holt mich meines Herzschlags, meiner Atemnot Beschwerde
vom Sprung herab zum Schreiten, müd geh ich Schritt um Schritt,
muss endlich rasten, sitze irgendwo in der Wildnis auf der Erde,
hör meinen keuchenden Atem jetzt, mein Blut wie Trommelschlagen
und über mir den Wind durch Hochwaldkronen jagen,
ich sitze rastend da, er wiegt mich mit.

In Jakobsberg

Alles geht und vergeht im Schutze werdender Hände,
ihnen ist anvertraut, dass sie das Fallende bauen
als ein Gelübde der Engel, die nur noch die Erde schauen,
Himmel auf Himmel stürzt über sie ohne Ende,

bis sie wie Spiegel sind, die alles Geschaute gestalten,
Hände, die das Sinkende fassen, das Fallende halten.
Und all ihr Zögern, Greifen, Beten, Lassen und Siegen
ist Wind in den Kronen der Welt, die sich auf-rauschend biegen.

In spätherbstlichen Gärten

Andrang von Atemzügen, die sich sammeln in den Asternbeeten,
Pfeilförmig ausgerichtet wie zum großen Flug der Schmerzen,
Auf die vererntet späte Erde ducken sie sich hin in ihren Nöten
Und flackern noch einmal empor als weiß bereifte Kerzen.

Und sehn den Vögeln nach, die hoch am Himmel südwärts ziehen,
Sie wissen, sie bleiben zurück im verschneiten menschlichen Garten,
Beinah überwältigt vom Wunsch, als Farbe und Duft zu entfliehen,
Bleiben sie dennoch, Zugvögel, die warten und warten.

Plötzlich fährt ein rauer, eiskalter Wind dazwischen,
Der treibt die köstlich warmen Atemstöße auseinander,
Sie aber drücken sich erschauernd, frierend, enger aneinander,
Eh sie sich wieder mit den Leiden mischen.

Ja, ich blühe

Ja, ich blühe, und du, der mich im Verborgenen hier stehen sieht,
erschrickst ein wenig vor der kleinen Primel, die kurz vor dem Winter blüht,
du weißt um all die kalten einsamen Novembernächte
und jeden Nebeltag, so lang und bang, als ob er nie vergehen möchte....

ja, ich blühe und ich weiß nicht, was mit mir geschieht;
mit allen Sinnen da zu sein, wenn keiner es hier irgend mehr dächte,
ist schwer; doch so, wie du Kind warst, bin ich Blume, die blüht,
unwiederbringlich jetzt in dieser späten Zeit und im Verborgenen allein
 wage ich es, vor dir ganz Blume und zugleich menschlich zu sein.

Konzert

Vielleicht ist es so, dass alle hehre Musik
beschlossen liegt in ungezählten Händen,
Wenn die Spielenden, alle im selben Augenblick
Mit raschem Griff das Notenblatt umwenden,

Dann wieder zur Schulter die Geigen heben
Und mit des Herzens genau gleicher Regung
Und mit des Arms genau bemessener Bewegung
Dich fragen, etwas fordern und dir alles geben.

Als spränge ein Bach durch bewaldete Hügel
Aufrauschen die meisterlichen Hände am Flügel,
Jetzt erschauern die Finger beim Berühren der Tasten,
Als brenne ein Wunsch in der Seele nach Beten und Fasten.

Vertieft ins Hören sollst du wie sie ein Spielender sein,
Schenk ihnen deine Seele, die Augen, die Hände,
Denn mit ihrer Musik fordern sie alles Gemeinsame ein,
Damit aufs neue das Blatt sich wende.

Krank

Ich muss hier liegen. Aus erzwung'ner Ruh
erwächst mir eine ungeheure Ferne.
Wär'auch das Haus verwaist und Tür und Fenster zu,
im Innern steh ich auf und suche die alten Sterne,

und geh'in meinem Innern Schritt um Schritt,
und jemand zählt mir meinen Atem mit,
und einer trägt die Last und hält den Stab,
und einer schützt das Licht, das ich vor Augen hab.

Kühler Abend

Ein Stummes will sich tief in dir erinnern,
Heimlich, dass du es nicht spürst.
Doch merkst du, dass du plötzlich frierst.
Und etwas, warm wie Blut, verströmt in deinem Innern,
Und dass du traurig angesehen wirst.

Da weißt du auf einmal, du wirst etwas verlieren,
Ein Unbegriffenes zieht für immer aus dir aus.
Doch was? Es bricht ein stummer Schrei aus dir heraus:
Zeig dich. Bleib da. Ich will dich immer spüren!
Ein kaltes Echo nur: Komm bald zurück ins Haus.

Laternen in der Regennacht

Milchstraße, schimmernde du,
Fuß um Fuß setz ich auf dich im Regen.
Mir scheint, dass die alten Laternen sich bewegen
und mit mir gehen auf hellere Stunden zu.

Umarmungen spüre ich, auf-gestört von meinen Füßen,
Lippen, die unter tropfenden Schirmen sich küssen,
Blätter, die unsichtbar lautlos im Dunkeln abfallen,
wieder aufleuchten im Lichtkreis bei den anderen allen,

wie warme Muttermilch aus einer entblößten Brust,
so sammeln sie ihr Licht und bieten es dar,
und was nächtlich und wild und verloren war,
saugt hier an ihrem Busen mit kindlicher Lust.

Lebende und Tote

Es ist dein Herzschlag noch, der mich beflügelt,
Dein Atem und dein Blut,
Bin ich jetzt auch in der Tiefe angesiedelt,
Wo Herzschlag ewig ruht.

Sieh nur den Blumenstrauß, so leuchtend dargebracht,
So hinwelkend duftend, noch einen Tag, eine Nacht,
Blumen, vom Ende überrascht genauso wie wir,
Sind glühende Blicke zwischen dir und mir.

Wie sich aus dunklem Morgenhimmel formt ein großes Wolkenweben;
So gewaltig ist unser Anklang und so leise,
In aller Ankunft schon gefeiert, wollen wir doch weiterleben
Mit euch, ermunternd stets zu Aufbruch und zu Weiterreise.

Wir sind aus euch, ihr seid aus uns gemacht,
Was ist uns Licht und Dunkel anderes als Kräfte und Ermatten.
Wir sind gemeinsam im Licht und gemeinsam in der Nacht,
Und alles herrschende Licht wirft nur die dienenden Schatten.

Letzte Dinge

Wie lautlos alles ist.
Nur unterm Dornstrauch bei den Rosen
rascheln welke Hände,
die zwischen letzten Dingen wählen.

Auf dem Tische, wo du Gast heut bist,
steht ein Strauß von Herbstzeitlosen.
Wind sucht nach dir, dass er dich fände,
um dir von Drüben zu erzählen.

Scheu geht dein letzter Schritt an dir vorbei.
Im Ofen spricht zu dir das Brot
vom Hunger und vom Einerlei
des Atmens und von Lippen, glühend rot.

Lichter in der Nacht

Wieder kommt eine lange schmerz-lichte Nacht.
Die Augen, die Dich jetzt im Dunkel fänden,
Begännen eine lange schwere Wacht.
In der großen dunklen Landschaft werden kleine Lichter angemacht,
So, als würden Sterbende mit beiden Händen

Noch einmal eine stille Lampe greifen und umfassen,
Als könnten sie alle kommenden Finsternisse noch einmal wenden,
Wollen ihre Hände nicht mehr von der kleinen Leuchte lassen.
Genauso werden in der großen dunklen Nacht
Von den Händen der Menschen jetzt die Lichter angemacht.

Lieder im Staub

Ich, stumm auf den Wegen will erwidern
jedes Wanderers müdem schwerem Schritt,
bin unter euren Tritten wie ein Echo lautloser Musik
mit meinen zu Staub gewordenen Liedern,

Staub, in dem sich die Sterne spiegeln
als ein Trost, ein Lied auf dem Weg, ein Klang;
Ach, Wanderer, wenig weißt du von all den Flügeln,
die dich im Staub begleiten ein Leben lang.

Mädchen im Rollstuhl

Gelähmtes Mädchen,
Mein Gruß erschreckte dich beinah,
Und doch war dein Lächeln da,
Unter soviel Schweigen verborgen.

Was wird wohl dein Eigenstes sein,
Gibt es etwas für dich außer Sorgen?
Ich würde dir gern all meine Freude borgen,
Doch du meidest den freundlichen Schein.

Du fährst im Rollstuhl zum Ort deiner Ruh,
Da holt dich das Leid nicht mehr ein,
Da bist du mit der Welt allein
Und mit allen Himmeln per Du.

Doch manchmal löst sich der Bann,
Weil du plötzlich aufblühend liebst
Und frei und offen dein Lächeln gibst,
Und du weißt: ein Wunder geschieht dann und wann.

Madonna mit dem grünen Feuer

Madonna mit dem grünen Feuer aus der Ferne, sei mein Gast,
ich bin von deiner Nähe tief berührt, war auf dein Kommen nicht gefasst,
        ich weiß noch, wie ich weit von hier
in einem Dickicht stumm vor deinem Bildnis stehe,
doch heute, spür ich, bist du plötzlich da,
        als wärst du einsam und du suchtest meine Nähe,

es schien mir damals deine Stirn so blass, dein Wesen unscheinbar,
jetzt aber verwandelst du all meiner Wege Mühsal in ein grünes Feuer,
kleine Madonna, Schutzherrin du der späten Seelenabenteuer,
wie ist dein nahe kommen schön und wunderbar....

ich weiß, ich bin das Ziel nicht deiner Wege hier auf Erden,
und doch: in meiner Nähe Mensch sein dürfen oder wieder es werden,
wünscht du; kein Ziel, doch auf den letzten Schritten mit mir unterwegs zu sein.
Madonna mit dem grünen Feuer in der Seele, komm, ich lade dich ein.

Mensch und Baum am Abend

Ich liebe es, wenn schwarz gezackte Wipfel sich im Nachtwind biegen,
so wiegt am Abend sich nach allen Seiten hin in die Dämmerung mein Schweigen
und tastet jedem schmalen Lichtstreif menschlich grenzenloser Würde nach,
fröhlich wird und leis verdämmernd mein Tag
                      wie eines Traumes ausschwingender Reigen,
der alles Verstummende hell macht, wie Sternenlicht funkelnd und wach,

ich wünsche einen Baum an meine Seite, ihm mein verborgenes Wachstum zu zeigen,
wir lachen über unsere Zähe, zählen unsere engen, gleich gestirnten Jahres-ringe nach,
hoch oben tanzen Vogelnester und dunkle Liebesworte in den aufgewühlten Zweigen,
wir lassen ungezählte Vogelschwärme in uns ruhen, wieder weiter fliegen,
blicken auf dunkler Jahre erntelose Früchte hinab, die zahllos unter uns liegen.

Menschenschwingen

Immer wieder spürst du, wie ein sanfter Wind,
Berührung suchend, sich an deine Hände drängt
von irgendwo her. Sinds Flügelspitzen, plötzlich eingeengt,
sinds Menschenschwingen, die an dich gebunden sind

und die erprobt sein wollen, dass sie mit dir fliegen?
Du aber weißt nur: Immer weiter möchtest du gehen,
plötzlich kannst du dich auf deinem Wege wie in Lüften wiegen,
all deine Schritte unzählbar wie Gestirn von oben her sehen.

Menschliche Gezeiten

Was uns entkommen ließ, wieder zur Rückkehr zwingt,
was uns glauben macht, dass endlich die Flucht gelingt
und wir beschließen, aus offenen Weiten zu fliehn,
lässt uns anschwellen wie Springfluten, jagt uns dahin,

den Menschen gleich, die in tausend Ängsten vor sich selber fliehen,
ihres Schauderns bewusst, mitten im Vorwärts zurück sich zu ziehen,
wie Flüsse, die, bevor sie ins Meer sich ergießen,
plötzlich in ihrem Dahin-strömen zaudern, nicht weiter wissen,

als zwänge die zornige Weite sie, wieder zurück zu weichen
und könnten doch niemals mehr die eigenen Ufer erreichen.
Wenn nichts so gelingt mehr scheinbar, in solch einer Stund
wird Versunkenes sichtbar und aller menschliche Grund.

Menschliche Wurzeln

Verstörteste meiner Wurzeln, die sich in jäher Eitelkeit
durch Erde wühlt, wie sich ein blinder Mensch vor einem Spiegel dreht,
was macht in deiner weiten Tiefe dich auf einmal so eifersüchtig?
Ahnst du, dass über dir der Baum in seiner vollen Blüte steht
und neidest ihm das Los des Überirdischen in all seiner Schönheit?
Du weißt doch, Frühling, Sommer, Herbst sind dauerflüchtig,
kindliche Wurzel du, bald spürst du die Farben der Nacht,
wenn jede Frucht die Schönheit zum Kern und endlich abfallen macht,
die Erde leuchtend wird und alles Licht um dich schwer und gewichtig.

Mondnacht

Mit den Lippen berühr ich im Dunkeln den Rand
der Quelle, da beginnt sie, wie Sterne zu blinken,
es ist, als würde ich aus der hohlen Hand
ein kaltes Feuer trinken.

Vom eiskalten Wasser brennt mir der Mund.
Noch steigen der Mond und ich mit gleichen Schritten bergan.
Plötzlich sinkt etwas in mir bis auf den Grund,
der Mond vollendet die Bahn.

Mozart

Die Rosen verließen das Land.
Bis er ganz mit dem Rücken zur Liebe stand,
ein König, jetzt entthront und vertrieben.
Das Wunder nur ist noch eine Weile bei ihm geblieben,
wie ein Duft, der sich langsam verlor und verschwand.

Da hat er tief in seiner Seele beschworen
aufs neue sein Herkunftsland,
hat alle Länder seines Königreichs wieder beschrieben,
und es klingt herrlich als Musik in unseren Ohren
jeder Ort, den er leise genannt..

Aber du, beim getrösteten Hören,
wie willst du dir seine Trauer, sein Leid erklären,
fühlst auch du aus der Kindheit der Welt sein Beschwören,
seine Frage, die er in jedem Ton nieder schrieb?
„Du, der du dein Ohr mir leihst, hast du mich lieb?"

Müde vom Wandern

Warum nicht die wieder erkennen,
Die uns müde entgegenkommen
Vom Ziel her, die schon auf dem Rückweg sind?
Sind wir für alle, die am Ziel einmal angekommen,
Sind wir für alle, die heimgehen, blind?

Wir gehen lange über unsre Ziele hinaus,
Bis wir, noch im Vorangehn zurückgerufen,
Erkennen: jeder Weg geht nur noch nach Haus,
Alle Wege gehen abwärts über unzählige Stufen
Denen entgegen, die uns nicht wiedererkennen,
für die wir die Fremden sind.

Nachruf

Ihr Lächeln schien mir nah, als wollte es mir sagen:
Ich will wie du noch immer einen neuen Anfang wagen,
es ist mein Gehen zu Gott, auf diesem Weg von dir getragen,
der Liebe immer neues ganz von vorne beginnen...

das Sterbebild von mir in deiner Hand,
du, der es zwischen all dem Plunder auf der Straße fand,
darfst bei den Lebenden, ich bei den Toten neu beginnen,
wir haben beide einen sicheren Stand.

Ich weiß, wer pilgert, bittet Gott um seinen Segen.
Es ist dir leicht, mich dort auf den Altar zu legen,
und beide kommen wir am selben Ziele an.
Ich bin wie du, ich bitt' dich, hör mich an.

Nacht der Kindheit

.....dann will ich lang im Dunkeln stehn, an einem Ort verbleiben
ganz nah am Fluss, wo unsichtbare Fluten still an mir vorüber treiben,
in einem dichten Wald vielleicht, wo alle Pfade, alle Spuren enden,
wo nur der Nachtwind schwarze Wipfel über mir bewegt,
wo nie ein Wort fiel, wo kein Herz außer dem meinen schlägt,
dort will ich lang hinab schaun in den Urgrund aller grauen Zeiten,
bis kalter Nebel sich auf meinen Scheitel legt,
dann leise wieder gehen und am Fluss zurück mich wenden,
mit wachem Schaudern in vertraute Lichter schreiten....

Oft in Träumen

Ich sehe oft im Traume mich an einem Ufer stehen
und ruhen, als müßt ich müde auf mich selber sehen
in der Erinnerung, gleich einem Fluss, der tief sich eingegraben
ins eigne Bett. Und meine Füße, die begangen haben

so viele weite Wege, wollen in allen Träumen rasten,
sich noch im Schlafe stemmend unter lang getragenen Lasten,
darüber der, der lächelt, atmet, tief im menschlichen ist,
wie Wasser hingegeben, weiter zu Tale fließt.

Doch immer öfter, wie auf den weiten Wegen
mir manchmal kam ein Wunderbares entgegen,
kommt in der Zeit entgegen mir ein Augenblick,

da wird die Welt so leise, so verstummt und still,
es pocht fragend das Herz,antwortend pocht es zurück
und dankbar fühle ich, dass es noch immer lieben will.

Rast am Brunnen

Ich sah jene, die nach langem schwerem Wandern
Durstig am Brunnen standen und doch nicht trinken wollten,
So, als wüssten sie plötzlich nicht mehr, was sie hier sollten,
Oder als ließen sie den Vortritt bei der Rast den vielen andern,

Sie wollten mit der Quelle hier jetzt ganz alleine sein.
Ihr schmerzender Rücken, gewohnt, schwer seine Last zu tragen,
Konnte sich kaum noch bücken nach den langen Wandertagen,
Wie viele, viele Stunden gingen sie allein.

Ganz sachte tauchten sie dann ihre Lippen, ihre Stirn ins klare Wasser ein,
Ihre offenen Augen durchbrachen den klaren, ungetrübt blickenden Spiegel,
Mit allen Sinnen tranken sie das Geheimnis der Quelle in sich ein,
Und weiter gingen sie auf ihrem Weg, als hätten sie Flügel.

Rast in dunkler Nacht

Erst als hie und da vereinzelte Sterne
mich wieder vor Augen die Hand sehen lassen,
stehe ich auf von meinem wunschlosen Rasten....

Gewohnt an die lange Nacht und die Ferne
und an das Gehen auf endlosen Straßen,
kann ich den Weg erahnen und mit den Füßen ertasten....

Plötzlich neben mir ein Schnauben und Traben
von Pferden, unsichtbar, verborgen im Dunkeln,
die mich wohl schon lange beobachtet haben...

ich sehe ihre Augen herüber funkeln,
für einen Augenblick zögere ich und würde gerne
mich auf ihren Rücken schwingen und davon tragen lassen.

Rätsel der Nacht

Stern oder Funke, was wird es wohl sein?
Feuer im Nebel oder ein irrender Schein?
Wie übers Auge zuckt ein träumendes Lid,
Fernleuchtet es müd.

Ein Fenster, wo zwei sich umarmend vermischen,
Die sich küssen, ficken, ficken und küssen?
Ein Wandrer geht weitab im Dunkel vorbei,
Der hört einen hellen, bebenden Schrei.

Eine Hand, die jetzt schwellende Brüste berührt,
Eine heiße Möse zu zuckenden Stößen verführt,
Vielleicht sind es Schenkel, die glitzernden, feuchten,
Die im rhythmischen Spreizen zittern und leuchten?

Und wie sich ein Leib im Orgasmus aufbäumt,
Hat die stürmische Nacht dies nur geträumt?
War es ein Fenster der Liebe, ach, oder nur
Im geballten Gewölk eine Mondscheinspur?

Regen im Vorfrühling

Es steht der Baum noch immer kahl im Frühling, doch ist ein Neigen
wie unter dem Gewicht von Perlen-schmuck in all seinen Zweigen,
es zittern abertausend Regentropfen in hilfloser Tapferkeit im Wind,
ein jäher Sonnenstrahl lässt sie erglühen, bis sie schön wie Brautschmuck sind,
sie bieten sich ganz sacht den Lüften dar, die ein geheimer Zauber überfällt,
die wehen drüber hin, wie Menschenhand,
          die liebt, und wenn dennoch ein Tropfen fällt
aus kahlen Zweigen auf die dunkle Erde, verändert er für immer die Welt.

Regennacht

Nacht, Blätterschatten, die sich rastlos hin und her bewegen
und Wandrer, schattengleich auch, die eilen ihrer Bleibe zu bei Wind und Regen,
den dunklen Räumen, die allein im Draußen sein bewohnbar sind mit allen Sinnen,
an helle Fenster hin geschmiegt, sich stumm daran zu wärmen, doch nach innen
dringt keiner ihrer Blicke, um Verborgenes, in einen Lampenkreis gebannt, zu sehen,
ein kleines Viereck, sanft erhellt, doch keiner kann durch dieses sanfte Feuer gehen....

doch manchmal sehen sie Schatten hinter den Gardinen rastlos wandern
und spüren plötzlich Schmerz,
                    vom hellen Raum hin schreitend in den dunklen andern,
sie hören Stimmen, notgedrängte, schluchzend wie das Regenrauschen,
dem sie, ans Außen hin gelehnt wie an das eigne Innre, nachtlang lauschen.

Rosen in der Nacht

Verwelktes Dunkel, hin und her
Rastlose Schritte, Mondlicht fällt
Wie bleiche Nebel in das Zimmer
- viel Rosen sind in diesem Raum verwelkt-
Ein Ruheloser atmet schnell und schwer,
Er betet, kämpft und hofft schon fast nicht mehr,

Doch plötzlich strömt mit einem Male
her aus dem Dunkel, aus der Sternenschale
Von auferstandenen Rosen herber Duft.

Das Tot geglaubte, alle alte Liebe
Versammelt sich um seine Mitte, wo es bleibt
Und stiller atmet, dass nichts ungetröstet bliebe
Und neue Hoffnung keimt aus ungestilltem Leid,
Sein Herz wird willig, weil das Leben ruft.

Rückkehr aus dem Licht

Seltsam behaust, als ginge es um ein Bewohnen
Von frosterstarrten Zweigen, tief verschneiten Kronen
Winterlicher Bäume, leis von Gott bedrängt,
Spüren sie, dass jemand, schon weit fort, an Umkehr denkt,

Und um das Unbegreifliche, das Wunder zu bewahren,
Rufen sie ein Dach, das durch ihre Kronen bricht
Mit Giebeln aus Engeln und mit wunderbaren
Erscheinungen und Tröstungen aus Licht.

Plötzlich kommen sie in ungezählten Scharen,
Die längst fort auf ihrer Reise in den Süden waren,
Zugvögel, wieder heimgekehrte, bleibend schon.
Aus den verschneiten Bäumen tönt ein tausendfacher Jubelton:
Wir harren jetzt, wir, die wir nahe an an der Sonne waren.

Ruf in der Nacht

Manchmal höre ich nachts beim Wandern einen fernen Schrei.
Ich gehe weiter, geh am Unerhörten stumm vorbei,
und doch, als würde sich etwas aus meinem Innern stehlen,
fühle ich ein lang Vertrautes mir auf einmal fehlen,

etwas ist fort aus mir, flüchtig für immer.
Auf meinem Weg will alles plötzlich nur noch vergehen,
und schneller schreite ich aus, als zöge es mich fort.
Etwas ruft da draußen, und ich muss nachtlang weiter gehen,

gebeten und getrieben von zahlloser Sterne Schimmer,
suche ich auf allen meinen Wegen nur noch dies Schmerzenswort.
Ich weiß, was flieht, bleibt immer noch ein Gehen und ein Wandern,
erreichbar noch immer vom Bitten und Sorgen der andern,

vielleicht, dass schmerzliche Rufe uns immer entgegen gehen
auf allen Wegen, bis sie, Leibhaftige, irgendwann vor uns stehen,
vielleicht, dass sie, dass wir uns im Wechsel dann Antwort geben,
so schmerzlich, so dringlich, als ginge es um Tod oder Leben.

Schaudern

Kerze, welch merkwürdiger Schauder, im dunklen Zimmer dich brennen zu sehen,
immer wünsche ich mir dann, ich könnte dich still etwas fragen,
kann denn deine kleine, schutzlose Flamme mein menschliches Dunkel verstehen,
kannst du zu meinem Verlöschen etwas endgültig erhellendes sagen?

Oder musst du in deinem kurzen Leben wie ich Wurzeln ins Lichtlose treiben,
damit, wenn unsere Flamme lischt, für immer doch Spuren von Strahlen bleiben,
ist deine vergängliche Helle, dein leiser tröstender Schein
ein Abbild von jeglichem Schicksal, im Sichtbaren brennend zu sein?

Schein aus dunklen Wäldern

Es wohnt in dunklen Wäldern so viel verborgener Schein,
ein Verdämmern hellerer Schatten, ohne irgendwo zu sein,
ohne einen Ort für den Tag, ohne eine Stätte für die Nacht,
geheimes Schimmern du, sei auf den Weg gebracht

dahin, wo jedes kleinste Glück sich heimlich stehlen
will, den Ort den alle sich zur Welt, zu ihrem Schicksal wählen,
ins dunkle Herz, wo Glück und Licht zu immer neuer Dämmerung verpocht,
schwanke, Schein aus den dunklen Wäldern dort um den menschlichen Docht.

Schlaflose Nacht

Gib mir einen freundlicheren Traum!
Die Nacht ist so endlos lange
Und wird knochenweiß vor meinen Augen.
Es stürzen vom Lebensbaum

Lichter, die zum Leuchten nicht taugen.
Vor meinem Mund der Atem steht Schlange,
Er wird gewogen jetzt mit hartem Gewichte
Und fällt in leere Körbe wie seltene Früchte.

Schreie. Ich höre sie schweigen.
Wie ein Stein stürzt jede Frucht.
Und ich spüre, wie jemand unter meinen Zweigen
Im Dunkeln danach sucht.

Schöpfer

Gewichtung und Gewölbe werden sein.
Gewölbe, die empfangen werden aus unsren Händen
Den verworfenen, wiedergefundenen,den verzeihenden Stein,
Mit dem es uns gelingen wird, ein Unendliches endlich zu vollenden.

So viele strömen anbetend in euch hinein.
Zahllos gedrängt zwischen Pfeiler, die himmelwärts ragen,
Und wer einst nicht bereit war, daran zu bauen und zu tragen,
Den ebnen sie still mit verneinenden Händen ein.

Wo die Betenden Schulter an Schulter stehen,
Gebeugten Haupt's, da sammelt es von oben her die Lasten wieder ein,
Bis sie aufrecht wie Säulen sind und alle können es sehen,
Wie leicht die Kuppeln schweben in ihrem tragenden Schein.

Was sie an Schwerem trugen einer dem andern,
Verwandelt sich rings um den Altar in Unumstössliches, Sockel und Stein,
Und lädt der Hausherr zum Richtfest, zu Brot und Wein,
Will alles Vollendete unmerklich himmelwärts wandern
Und fügt sich zuletzt doch in bleibende Gewölbe ein.

So hören sie`s

Ich bin kein Bleibender geworden,
doch will ich immer mehr zu einem Hörenden werden;
lang reifte ich heran im Schweigen hier auf Erden,
erfüllt allein von diesen leisen, schweren Worten,

bleibenden Worten, wie sie manchmal fallen
zwischen dir und mir, wie Wassertropfen, Frucht, ein welkes Blatt,
so hören sie`s: ein Fallen an des Schweigens Statt,
dann wieder langes Ruhn bei den Verstummten allen.

So ist das Licht

So ist das Licht in seinem rastlosen Wandern,
wenn es an dir vorbei geht, wieder zurückkehrt, wartet.
Plötzlich als heller Ruf ertönt, als riefen dich die andern,
die dort hinziehen wollen, wo Verheißung ist,

ist wie ein unruhig träumend junges Herz geartet,
das wild empor schäumt, dann wieder ruhig fließt,
und doch so sichtbar, hörbar ist in seinem Schlagen
und immer neuem Blut und neuem Dochte zugetragen,

damit es niemals ganz und endgültig erlischt.
Es eilt versteckt dahin, ins Dunkel eingemischt
wie Glanz von einem fernen Sehnsuchtstor,
und wenn du an pochst, tritt es strahlend hell daraus hervor,

so menschlich brennend wie ein Engel von Chagall.
Seid euer zwei, die sich umarmend nicht bewegen,
lang ruhen ineinander, sich wieder lösen auf einmal
und weiter ziehn ins Dunkel auf den Wegen.

Sommerregen überm See

Er spiegelt leidenschaftlich aller Wolken Gleiten,
Als wolle er, von ihrem Weiterziehn beflügelt, sie begleiten.
Ein einziges Segel, das wie sanfter Lidschlag auf ihm treibt,
Ist alles, was von seinen Träumen übrigbleibt.

Als säh er selbst in einen Spiegel, kehrt sein Blick
Von uferlosen Meeren müde zurück.
Dunkel und drohend aber folgte ihm aus unermessnen Weiten
Der Stürme Wut, der Andrang der Gezeiten.

Doch nur ein sanfter leichter Sommerregen
Fällt aus der Sonne, messingleuchtend wie an alten Türen
Die Klinken, die unmerklich leise, sich bewegen,
Sich lautlos öffnen und nach draußen führen

In eine Welt unsäglich neuer Bilder,
Wo alles Leben frischer ist, berauschender und wilder.
Der große Sturm jedoch ist lang vorbeigezogen,
Und vor den dunklen Wolken strahlt der Regenbogen.

Sonntag vor Tag

Sonntag vor Tag im dunklen Kirchenschiff,
wo auf der Welt ist es sonst so still?
Vielleicht auf einem Antlitz, bevor das Licht es trifft,
dem einen dargeboten, der es lang schon sehen will.

Nur eine Kerze brennt, die mit dem Erlöschen warten will,
bis sie der erste Strahl des neuen Tages trifft.
Im Dunkel kommt vom Kreuz her leise ein Flüstern,
ein Hauch von des Erlösers Mund:

Sei jetzt ein glühend Herz, ich habe das Gefühl,
da draußen steht ein Mensch, der zu uns will.
Und sein ewiger Atem biegt die Flamme wie im Spiel.
Antwort gibt sie leise mit erregtem Knistern.
Vom Turm her tönt der Schlag der ersten Morgenstund.

Spiegel zur Mitternacht

Manchmal zur Mitternacht in schlafloser Beschwerde
fragt er mit seinen Augen den Spiegel, ob schon Morgen werde,
so dumpf und trüb ist ihm die lange Nacht.
Da wächst blank aus der Dämmertiefe wie aus schwerer glänzender Erde
ein Schein empor, der blühen will und neue Hoffnung macht.

Es schimmern Spiegel wachsam so an der Tage Wende,
auch die auf den zerwühlten Kissen unruhig wandern, würden gerne
Arbeit beginnen schon, bis sie vollbracht vor aller Augen stände,
doch nahe vor die eignen Augen heben sie sich nur, zwei müde Hände,
die widerspiegeln ihre schönen langsam versinkenden Sterne.

Sprache, die uns Spricht

Wir sprechen jeden Tag so viele ungezählte flüchtige Worte,
was davon bleiben wird am Ende eines Tages, wir wissen es nicht,
die doch wie Schritte sind, die ziehen uns zurück an die alltäglichen Orte,
wo wir auf einmal eine Sprache hören, die uns deutlich spricht.

Und manchmal spüren wir dann eine Nähe wie von Frauenhaaren,
die streifen und berühren unser Gesicht,
wir werden stumm, wir wissen: in diesem Augenblick sind wir im Wunderbaren,
doch näher zu uns kommen, deutlicher geschehen darf es nicht.

Sternenräume

Nachts am Fluss stand ich und schaute wie gebannt,
es haben die Laternen hell über seiner Spiegelflut gebrannt,
sie glichen in ihrem Lichterspiel genau der Symmetrie von den Sternen
des Großen Wagen, es schienen plötzlich unbegreifliche Fernen

zum Greifen nah.Mir schien, sie riefen mich, als sollte ich es wagen,
ihnen zu gleichen, sollte für sie menschliches Sternbild sein,
vielleicht, weil Sterne menschgeboren sind,
                  liebevoll von einem Mutterleib ausgetragen,
doch holten meine Schmerzen und
                 meine dunkle Wanderschaft mich schnell wieder ein,

ernüchtert ging ich heim, ganz ein gesponnen jetzt in meinem eigenen Dunkeln,
durchs matte Viereck meines Fensters schimmerte ein Licht wie ein blasser Traum,
sacht hob ich die Gardine, da sah ich groß den Orion funkeln,
und mein Zimmer, klein und still in der Nacht, wurde zum Sternenraum.

Stürzende Türme

Nun, da meine Türme groß ins Dunkel fallen,
Höre ich auf, euch eine Kathedrale zu sein.
Wer träte auch gesammelt noch in mich ein,
Wer brächte Liebe noch in meine stürzenden Hallen,
Wer fiele tief und geborgen hin zu andern allen
Und brächte sich als Frucht in meine Körbe ein?

Ein großes Haus der Ernte wollte ich euch sein,
Ich gab euch Raum, zum Flug sich zu versammeln
In seinem Namen, ihr wisst: zu zweien und zu drei`n,
Ich hörte euch eure Gebete murmeln, eure Liebesworte stammeln,
Wollte euch funkelnde Sterne über ernteweißen Feldern zeigen,
Doch immer fallen wolltet ihr und nie geerntet sein.

Jetzt, im Nebel, beginnen auch meine Türme sich zu neigen,
Sie glühen auf noch einmal, leuchten, stürzen ein.
Plötzlich erlöst von ihrem reifen hohen Überragen
Fallen sie als Wege weit ins unbekannte Land hinein,
Und alle, die menschliche Frucht tief in sich tragen,
Wandern stumm hier entlang ins grenzenlose Schweigen.

Täterschaft

Ihr werdet die, die ihr verraten und getötet habt,
noch einmal foltern und morden müssen,
ihr werdet, die ihr jetzt frisch und fröhlich begrabt,
wieder ausgraben und aufs neue beisetzen müssen,

ihr werdet das, was ihr heute als Sieger tut,
morgen als ein Geschlagener tun müssen,
und mit dem ihr spielt, werbt und lockt, das vergossene Blut
wird ungehemmt aus euch selber fließen.

Her mit eurer Hand, ihr Täter, dass die Opfer sie küssen...
wie werdet ihr ausweglos ruhen in ihren Armen,
euch unter der Erde umschlingend und ohne Erbarmen
wird Liebe euch brennen mit vulkanischer Glut.

Unberührte Wirklichkeiten

Warum ich in stockdunkler Nacht hier durch die Wälder gehe?
Es ist so schwarz als wie im Grabe fast.
So finster, dass ich nicht die Hand vor meinen Augen sehe,
allein ein kalter Windhauch und der eigne Atem teilen meine Rast.

Oft bücke ich, da wo ich stehe, mich zum Boden nieder,
zwischen den Fingern raschelt dürr das Vorjahrslaub,
taste mit den Händen wie mit zögernden Schritten hin und wieder,
fühle das Gras, den Tau darauf, des Weges samtenen Staub.

Ich wage einen Schritt, taste, taumle, stolpere in den Graben,
Brennnessel brennt, willkomm'nes Feuer auf der erschrockenen Haut,
ich lache nächtlich leis: pass auf, mein Freund, sonst fressen dich die Raben!
Es riecht nach Harz und Erde, ein bitter-süßer Ruch von Fäulnis und von Kraut;

In immer weiteren Kreisen breiten sich meine Sinne
aus über unberührte Wirklichkeit und spiegelhelle Träume;
und jedes Hauchs eines Schattens, jedes Schimmerns wird mein Sehen inne;
es fallen erste Tropfen, Regen wäscht das Laub auf-glänzender Bäume.

Fragst du mich immer noch, warum ich durch die schwarzen Wälder gehe,
was mich hinein zieht in den schweigenden, den sternenlosen Bann?
Weil ich hier im Dunkeln aufrecht wie in offenen Gräbern stehe,
nach einem Himmel tasten, lauschen, rasten, sinnen und atmen kann.

Und bin doch auf dem Weg

Du fragst, wie meine dumpfen Schritte sich zu einem Pfad zusammen fügen?
Was hat aus allem Hin- und Wider diesen schnurgeraden Weg gemacht?
Ich spüre den Zusammenklang von Herzschlag,
                meinem Schritt und all meinen Atemzügen,
nie habe ich ein Ziel erreicht und doch meinen Weg vollbracht,

bin auf dem Weg, wie scheue Tiere hier- oder dorthin ziehen,
ganz ohne Nähe, ohne Ferne; doch stets erfüllt von einem mütterlichen Bald,
siehst du mich schreiten, zögernd stehn und lauschen, plötzlich aufgeschreckt fliehen?
Du siehst mich wandern wie ein Tier durch einen menschlichen Wald.

Ungeliebtes Wunder

Immer geneigter will meine Seele es mir sagen,
wenn ein lang Geprüftes vor dem Aufbruch steht,
will von den tiefen Bildern, die sich in die Menschen-ferne wagen,
dass ihr Weg an meinem Sinn vorüber geht.

Es schließt sich mancher Tote diesen Wegen an.
Und alles Unscheinbare drängt herbei und bricht sich Bahn.
Ein Krieger war ich viele tausend Jahre lang,
nun steh ich hier am Weg und mir ist bang...

so blass im Wind sind Himbeer-, Brombeerstrauch, Holunder,
sie drängen sich um meine Knie, sie ahnen den Streit,
ich aber hebe schon den Schild empor und stelle mich bereit
zum Zweikampf mit dem ungeliebten Wunder.

Unsichtbares neben dir und mir

Im Sichtbaren so unverrückbar,
          unverzichtbar sein und doch im Unsichtbaren weiter wandern,
gleich dir und mir, erkannt, vertraut,
          und doch im Dunkeln plötzlich fremd wie die andern;
Du sprichst: Schau doch, wie schön, ich sehe, wie sie fließen, wie sie schreiten,
ich spür den Blütenstrom der Welt gleich einem Wellenspiel an meinen Seiten,

dann flüstre ich dir zu: Schau nur, wie unscheinbar und ganz bescheiden
sie ihren Schritt verhalten neben uns und beinah jeden Atemzug vermeiden,
sie sind wie du und ich, wenn wir alleine gehen müssen durch die Nacht,
wo einer dem andern das Dunkel doch unsichtbar heller macht.

Unter allen Füßen

Manchmal kann ich einfach nicht mehr beten.
Doch bleibt mir noch ein unversöhntes Du,
mit dem ich rechte, dass mich immerzu
geißelt und verschweigt in meinen Nöten

und dem ich fluche: "Du. Erlöser du?
Hast du ein einziges Mal erhört mein Schreien?
Ich kann verstehn, dass Menschen dich bespeien.
Ja. Und ich gehöre dazu."

Besiegt und leidvoll muss ich endlich schweigen,
weiß nicht wohin und was ich jetzt noch suche.
Wenn sich mein Herz erschöpft in einem letzten Fluche,
fühl ich beschämt, jemand will sich verneigen

vor mir, als wäre ich das Salz der Erde,
das unter allem Füßen bitter ist und blind.
Und dass meine Flüche wie Gebete sind,
und plötzlich spür ich in mir die Gebärde

von Menschen, die mich nie verlassen haben.
Ihr Beten war wie Hände, die mich fest umschlossen,
all meine Bitternis ist in ihr Beten eingeschlossen,
wenn sie still und gereift in mir zu trösten wagen.

Verirrter Vogel in der Kirche

Angezogen von dem Glühen, von den Helle
der Kerzen, leuchtend wie aus einem unbefleckten Innern,
Öffnete ich leis die Tür, trat über heilige Schwelle.
Alles, schien mir, bebte hier noch vor Erinnern

An des Tag`s Gebete, Hoffnung, Schmerzen, Freud und Leid.
Da merkte ich, wie durch den Raum ein Vogel schwirrte,
Der sich zwischen Fensterlicht und Kerzen ganz verirrte,
Aufgeregt flatternd, dann wieder ruhend eine kurze Zeit,

Hingeduckt zwischen all den Glanz auf dem Altar.
Herr, sahest Du, dass er da vor Dir war?
Es war Dein Licht, war Deine Nähe, die uns beide fing,
Mich und den armen Vogel da, und beide Schmetterling.

Es dämmerte bereits. Wie lang schon saß ich da?
Herr, weißt Du, dass für ihn kein Weg ins Freie führt?
Ich weiß, dass man in aller Finsternis den Weg ins Freie spürt.
Hoffend, dass er tausend Sterne leuchten sah,
Ließ ich die Tür weit offen, als ich ging.

Verlorene Liebe

Ich ging auf den Friedhof, zu den Gräbern mich bücken,
um auf alten Steinen verwitterte Namen zu lesen:
der du hier liegst, du starbst so jung, zehn Jahre alt,
und du daneben in des Todes Gewalt,

schwer krank bist du seit manchem Jahr gewesen.
Plötzlich zwei dunkle Augen, die mich unsäglich anblicken
vom kleinen Bild eines Mädchens mit herrlichen Locken.
Im spät-herbstlichen Wind hier stehen zu müssen,

wer zwingt mich? Verlorene Liebe, Du?
Ich fühle es, immer mehr neigt mein Herz sich ihr zu,
und plötzlich, wie vor mir selber erschrocken,
bücke ich mich rasch hinunter, um ihre Erde zu küssen.

Vogelschwärme

Was wird wie kleine Schmerzen lebendig
und flattert und fliegt wieder auf
jeden Morgen und sammelt sich abends zuhauf?
Ich seh euch tags in den Sträuchern und Zweigen,
seh euch leicht in den Himmel steigen;

eine Wolke zahlloser Vögel im Dunkeln,
da, wo die letzten Lichtstrahlen sind,
durch tausend Flügel ein erstes Sternenlicht funkeln,
ihr kleinen Sänger des Tages, wie spüre ich dann inwendig,
das eure versammelten Flüge so festlich geworden sind,

was euch zum Nest zieht, zögernd zurück euch noch hält,
zum Beginn der Nacht ist es für niemand mehr wichtig,
euer Flug wird im beginnenden Dunkel der Welt
zum Flug allen Lebens, unermüdlich und wie Sonnenlicht flüchtig,
mein Blick, so nach innen beflügelt, hat sich euch zu gesellt.

Wege im Abend

Manchmal spät am Abend, weit im Land
leuchtet plötzlich ein Stück Weg,s, endet dann im Dunkel irgendwo,
einer Kerze gleich, fast bis zur Neige auf gebrannt,
sie flackert auf, von einem Atem angefacht, noch einmal lichterloh,

ein weißes Stückchen Wachs, ein kleiner Rest von Docht,
der all sein Leuchten ganz mit dem Weg verflocht,
aus Lehm und Asche gemacht. Doch von allem schrittweisen Lieben,
das auf ihm ging, ist ein Glanz im Dunkeln geblieben.

Weißer Nebel

Es hat der Wind mich auf dem Wege umgedreht,
durch weißen Nebel blasses Gold heran geweht,

so dicht ist er, ich laufe gegen das Haus,
von schmalem Strahlenglanz umspielt, schaut jemand nach mir aus?

Wir stoßen mit den Köpfen beinahe zusammen,
 in dunklen Augen leuchten scheue blasse Flammen,

ich schaue von außen, von innen lächelt ein Kind,
da macht sein und mein warmer Atem die Scheiben blind.

Welkende Narzissen

Ihr welk gewordenen im Winde nickenden Narzissen,
so eifrig scheint ihr mir zu sein, so dienstbar und beflissen,
den Menschen gleich, die wissen, das sie früh sterben müssen....

kokett dreht ihr euch her; wollt euch wie unter schweren Lasten bücken,
sucht vielleicht Trost in meinen Augen , eine Spur darin von einstigem Entzücken,
dann wieder richtet ihr euch auf, als könntet ihr in dunkle Himmel blicken

voll ferner Augensterne, zuinnerst wachsam in der beginnenden Nacht.
Jäh schwankt mein Herz wie ihr, wir haben alle nicht mit ihm gewacht
im Garten seiner Pein und selbst sein Kreuz hat uns nicht wach gemacht...

und doch sprach er für euch und mich sein Wort: es ist vollbracht.

Westwind

Herbstwind, Sturmwind,, wie lässt du sie alle fliegen,
Blätter, Kinderdrachen und gelöste Haare empor.
Als träten sie in schimmernder Rüstung aus ihren Palästen hervor
und flögen zum Kampf, sich die Kronen der Bäume biegen.
Rauer Wind, du, mit den böigen Atemzügen,
wen willst du in letzten Verstecken des Sommers aufspüren
und wie eine Braut aus den Armen ihres Mannes entführen?

Es ist ein großes dunkles Haus in der Nacht.
Da schleichst du heimlich herbei und klopfst verstohlen ans Tor.
Und plötzlich kann mein schauderndes Ohr
von flüsternden Lippen antwortenden Atem verspüren,
und das Wort eines einsamen Menschen verstehen,
der noch einmal tritt aus seinem Dunkel hervor.
Herbstlich willst du um seine sinkenden Hände wehen,
wenn er spricht: Jetzt will ich schlafen gehen.

Wieder in Karnak

Ob uns in dieser Nacht das Heimgehen gelingt?
In meinen Händen, die ich kaum vor Augen sehen kann,
hör ich das alte Münzgold, wie es klimpert und klingt,
es wird bezahlt, gewechselt hier von allem Hellen hin zum Dunkeln,
und sacht berührt mich der schon, der uns durch Schatten bringt.

Es schaudert unter unseren Füßen dann und wann
lebend'ger Stein. So klein zwischen den Säulen bist Du, kaum zu erkennen,
als spielten wir hier heimlich Verstecken, tun, als wären wir ganz Kind:
Kannst Du mich spüren noch, erträumen, jäh wieder Lieb benennen
und den Weg ermessen, den wir gemeinsam gegangen sind?

Schau, wie die Sterne über den uralten Göttern funkeln.
In die große Nacht rollt wie ein glühendes Rad der Mond.
Der schreitet von jeher gerne auf den Schenkeln lustvoller Frauen,
wenn zärtlich sein Licht ihre heimlichen Reize betont.
Deine nackten Schultern küsst er, als wollte er sich endlich trauen,
ganz Mensch zu sein, ein Liebender, der hoch über allem thront.

Wieder-geborene Wellen

Mond aus den silbernen Wolken,
dein Licht brennt auf allen Wegen,
auch die, die nur noch im Dunkel sein wollten,
kommen mir glanzvoll entgegen,

die, die für immer nun scheinen müssen....
sie träumen und wissen nicht mehr, wer sie waren,
sie lagen lang an weißen Ufern wie auf mondhellen Bahren,
jetzt wieder-geborene Wellen, schimmernd in dunklen Flüssen....

Zeichen und Stimmen

Wie oft habt ihr vergebens schon nach mir gerufen,
wart Bild und Traum mir, Wunsch und leises Flehen,
vielleicht auf einem schweren Wege Tritt schon oder Stufen,
dass meine Füße sollten im Dunkeln sicherer gehen,

doch habe ich euch stets geleugnet und vergessen,
ließ, was ihr mir sagen wolltet, unbeachtet, unermessen,
nie hatte ich den Mut, euch meinen Sinn und all mein Herz zu geben,
wie viel , ihr Mahner, schulde ich heut mit meinem Leben?

Oder seid ihr ein ewiger Frühlingstraum,
der noch immer mit Blüten schmückt den alten, stürzenden Baum?
Ihr wacht, ihr wisst: wie meine Zweige kahl im Wind jetzt wehen,
gehorsam werde ich euch sein, ich werde gehen.

Inhalt

Über den Autor

1950 in Pechbrunn in der Oberpfalz geboren, arbeite ich seit 30 Jahren als
Altenpfleger.
1993 zog ich nach dem Tod einer Tochter und Scheidung der ersten Ehe an den
Tergernsee.
Ich lernte dort meine jetzige Frau kennen, ohne deren Liebe und unerschütterliche
Hilfsbereitschaft dieses Buch niemals entstanden wäre.
Wir heirateten im Jahre 2005 und wohnen heute in Bad Wiessee.
Verse haben mich begleitet, seit ich lesen kann, und schon als Elfjähriger schrieb ich
meine eigenen Märchen.
Diese Gedichte sind mein erstes Buch. Sie sind eine späte Ernte und ich widme sie
meiner Frau und meinen beiden Töchtern Daniela und Steffi, die einen schweren
Weg in Tapferkeit gegangen sind.

Bad Wiessee, den 27.12.2011